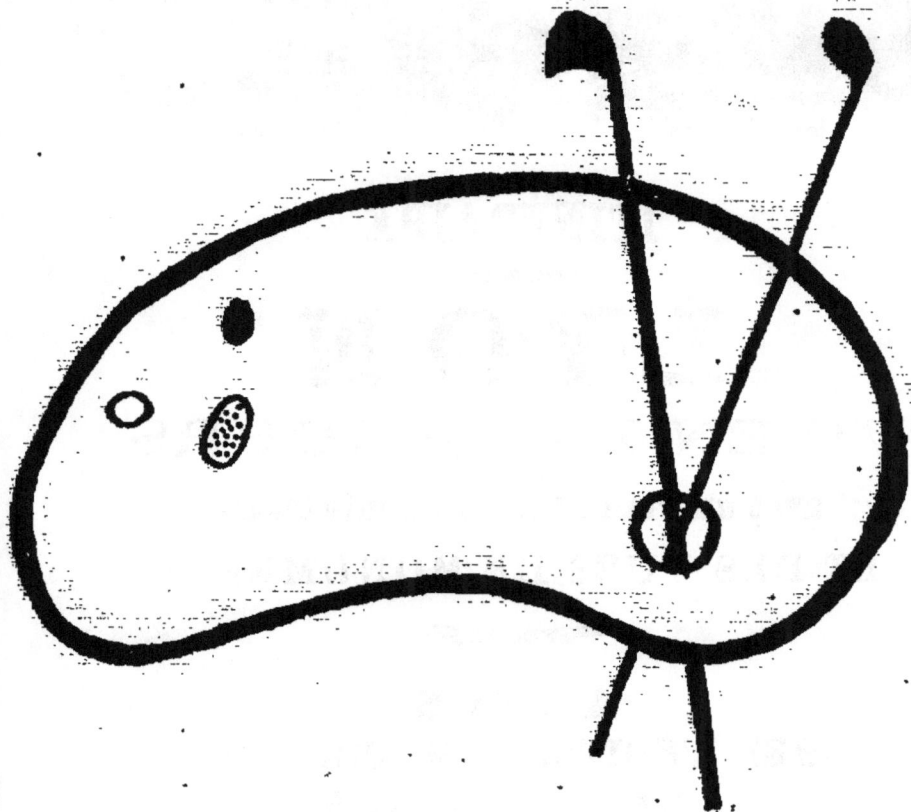

**DEBUT D'UNE SERIE DE DOCUMENTS
EN COULEUR**

Grand-Théâtre.   Palais des Arts.

ITINÉRAIRE

LYON

VU EN TROIS JOURS

avec un Plan de Lyon en miniature

ET DES VUES DE MONUMENTS.

A LYON

CHEZ L'ÉDITEUR, M. CHAMBET

Quai des Célestins, 6

et chez tous les Libraires et M^{ds} de nouveautés.

1864.

...ille.   Cathédrale.

Imp. Storck à Lyon.

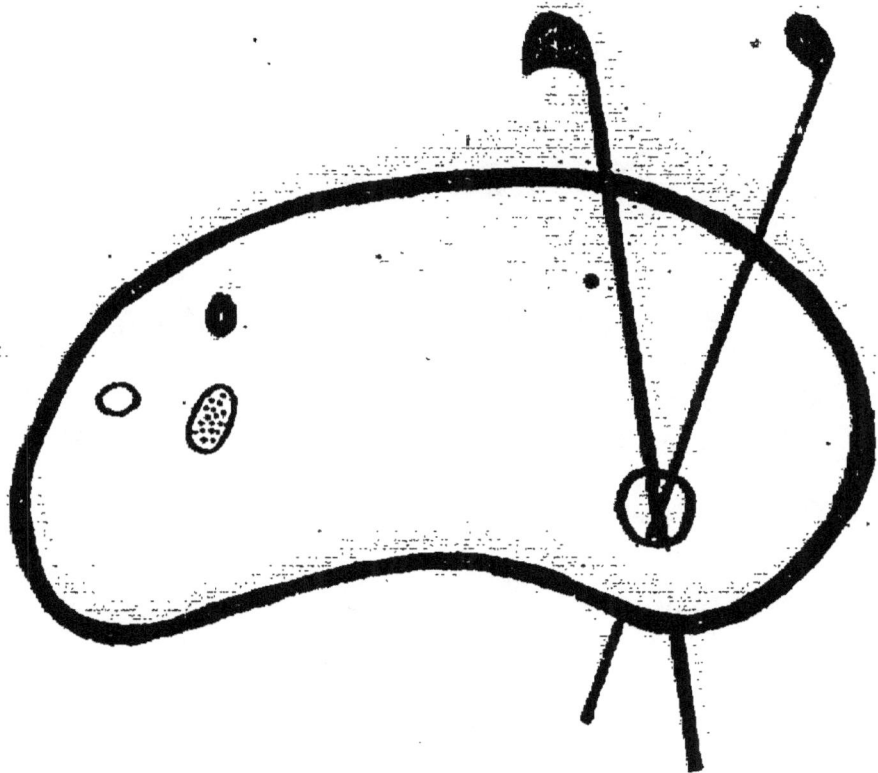

FIN D'UNE SÉRIE DE DOCUMENTS
EN COULEUR

ITINÉRAIRE

LYON

VU EN TROIS JOURS

avec un Plan de Lyon en miniature

ET DES VUES DE MONUMENTS.

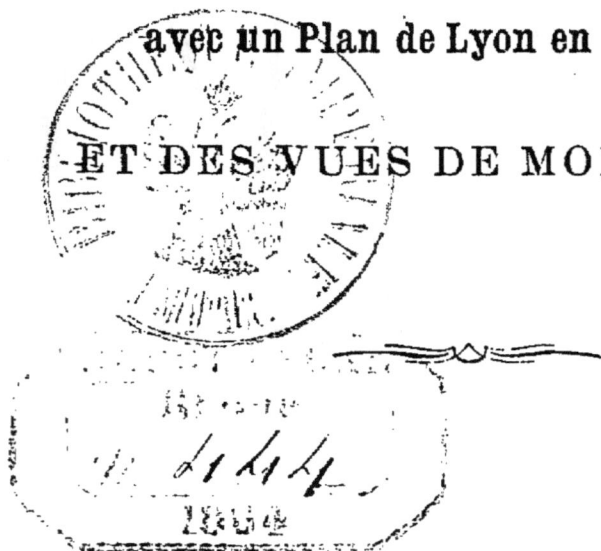

A LYON

CHEZ L'ÉDITEUR, M. CHAMBET

Quai des Célestins, 6

et chez tous les Libraires et marchands de nouveautés

1864.

Lyon, impr. Storck, rue de l'Impératrice, 78.

UNE VISITE

A LA

MANUFACTURE DES INSTRUMENTS EN CUIVRE

De M. COUTURIER

Rue Robert, 22, au rez-de-chaussée

Près le cours Lafayette

Au sujet du grand Concours musical qui a lieu dans notre ville, le 22 de ce mois, où quinze mille musiciens amateurs et exécutants vont se trouver et y prendre part, nous avons cru de-

voir visiter les Ateliers de M. COU-
TURIER, l'habile fabricant de ces instruments destinés aux Fanfares et aux
Musiques militaires, Instruments qu'il
a perfectionnés de telle sorte, que cela
lui a valu une grande réputation et
une nombreuse clientèle, en commen-
çant par celle de la FANFARE LYONNAISE,
elle-même si habile dans l'exécution
des plus beaux morceaux, ce qui, à
cause de sa supériorité, l'a fait mettre
hors de concours.

Dans cette Manufacture, où d'habiles
ouvriers sont occupés, règne un ordre
parfait et une grande propreté; une
machine à vapeur fait mouvoir le gaz

pour abréger le travail et donne le mouvement aux tours et aux forges.

Une foule d'autres machines ingénieuses donnent le poli aux cuivres, servent au tirage des tubes et au perfectionnement des instruments qui acquièrent une grande supériorité.

M. COUTURIER est inventeur de plusieurs instruments et pistons, pour lesquels il a obtenu des brevets d'invention et de perfectionnement et plusieurs médailles de prix à diverses expositions.

Il est fournisseur des armées française, piémontaise et égyptienne et d'un grand nombre de lycées et pensionnats.

Nous ne pouvons donc que faire l'éloge le plus complet de la Manufacture de M. COUTURIER et de ses produits.

SES MAGASINS DE DÉTAIL SONT SITUÉS

Rue de l'Impératrice, 73

A LYON

LYON VU EN TROIS JOURS

Arrivée à Lyon par la Guillotière.

Après Saint-Denis-de-Bron on descend la pente des balmes viennoises qui bordent le cours du Rhône, on découvre le château de Saint-Priest, où les rois Charles VI, Charles VII, Louis XI et Louis XII, ont séjourné; sa façade est composée de plusieurs ordres d'architecture, le tout couronné par une arcature en style byzantin. Ce château est aujourd'hui la propriété de M. Louis Bonnardet, académicien distingué de notre cité.

A mesure qu'on avance, on découvre la colline de Fourvières, l'Antiquaille, l'ancien couvent des Lazaristes, Saint-Just, Saint-Irénée, les côteaux de Sainte-Foy si riches et si pittoresques, etc.

Lorsqu'on est sur le pont de la Guillotière on est frappé du riche panorama qui s'offre à la vue ; ce magnifique fleuve du Rhône, ces quais si beaux, quelques-uns de ces monuments, comme l'Hôtel-Dieu, l'Hôpital-Militaire, la Charité, l'Abattoir, etc.

Arrivée par Saint-Clair.

Vous voyez le château de la Pape, situé au sommet de la falaise qui tombe dans le Rhône ; il fut la propriété de Guy-Pape, célèbre jurisconsulte au quinzième siècle ; c'est là que Dubois-Crancé, pendant le siége de Lyon, en 1793, avait établi son quartier général. Les voyageurs qui arrivent par cette voie découvrent le magnifique cours du Rhône et une longue suite de ponts et de quais de huit kilomètres, qui commencent au faubourg de Bresse et finissent au pont de la Mulatière ; on traverse le beau cours d'Herbouville, c'est la plus belle entrée de Lyon.

Arrivée des voitures publiques par Vaise.

Deux routes aboutissent à la barrière : celle du Bourbonnais et celle de la Bourgogne ; elles sont très-belles et ornées de trottoirs : par celle du Bourbonnais, et en approchant de Lyon, on passe près de Charbonnières, célèbre par ses eaux minérales, on traverse la Demi-Lune et on aperçoit, sur la hauteur, le clocher élégant du village d'Écully ; on voit le plateau de la Duchère et les jolies maisons de campagne qui sont au bas. Celle de la Bourgogne vous fait découvrir les paysages les plus variés et les plus pittoresques, les Chartreux, Fourvières, Loyasse et les Forts qui couronnent les hauteurs ; vous entrez à Lyon par la place de la Pyramide et par cet ancien faubourg de Vaise qui fait aujourd'hui partie de Lyon.

Arrivée par le pont de la Mulatière et Perrache.

C'est encore une des entrées de Lyon des

plus belles ; avant la jonction du Rhône et de la Saône, vous traversez le village d'Oullins et de la Mulatière, et lorsque vous êtes sur le pont, impossible de rendre l'effet magique que produit ce chemin des Etroits et le côteau de Sainte-Foy qui le surmonte avec ses magnifiques et riches villas, et cette presqu'île Perrache, si remplie d'avenir et de richesse.

Arrivée par les bateaux à vapeur de la Saône.

Le voyageur peut admirer les riches et riantes campagnes qui bordent la Saône ; il aperçoit cette petite ville de Trévoux à l'aspect si pittoresque ; Neuville qui avait un parc magnifique, propriété des Villeroy ; Couzon, St-Romain, Rochetaillée, Fontaines, Collonges, Saint-Rambert, avec leurs ponts suspendus ; la célèbre Ile-Barbe, la Tour de la Belle-Allemande, — le Mont-Cindre, le faubourg de Serin et des milliers de maisons plus ou moins élégantes sur les bords et les environs de la rivière; le chemin de fer de Paris à Lyon qui, presque continuelle-

ment, cotoie les bords de la Saône; en arrivant
à Lyon, on est dominé par les forts de Saint-Jean,
de Loyasse, et on passe, avant de débarquer,
sous plusieurs ponts dont les plus remarquables
sont ceux de Serin et de Nemours.

Arrivée par les bateaux à vapeur du Rhône.

Après Vienne, ancienne cité des Allobroges,
où se trouvent tant d'antiquités, on passe bientôt après en face de Givors, petite ville enfumée
et où se trouvent des Verreries et des Etablisse-
ments de poterie ; on rencontre ensuite les villages de Vernaison, Ternay, Irigny, Oullins avec
ses saulées ; on arrive ensuite en face de Perrache et on débarque sur le quai d'Occident.

Chemin de Fer de la Méditerranée et de Paris à Perrache.

L'ouverture de la gare de Perrache a décuplé la
vie et le mouvement dans ce quartier quelque peu
solitaire et désert avant, surtout à l'heure

où la lumière du jour faisait place aux ténèbres. Les voyageurs de Lyon qui y débarquent pour le plus grand nombre, les voitures de tout genre qui ne cessent d'y affluer et qui circulent à l'entour avec tumulte et vitesse, le croisement et les départs incessants des trains de la ligne de Paris ou de Marseille, le sifflement continuel et passablement incommode des machines, contribuent à changer la physionomie paisible des abords du cours Napoléon, habitués au roulement monotone des wagons et des tombereaux de charbons. Le soir, à la place d'un horizon noir et sinistre, on voit briller sur une immense ligne, des lampes et des becs de gaz d'un éblouissant effet.

L'intérieur de cette gare est très-remarquable sous tous les rapports. Beaucoup plus large que celle de Vaise, elle est abritée sous une toiture en partie vitrée, dont la charpente en fer étonne par sa légèreté et par le système simple et ingénieux de son appareil à jour.

Les salles d'attente offrent un très beau coup-d'œil ; leurs grandes dimensions, l'élégance de leurs divers ornements se font justement admirer. La salle où se prennent les billets est très-imposante dans ses larges et hautes proportions.

Pour avenue, cet embarcadère a le magnifique viaduc sur le Rhône, avec ses candélabres d'un modèle fort riche, et dont le pied porte les chiffres impériaux surmontés d'aigles aux ailes éployées.

L'intervalle qui sépare les rampes du terreplein de l'embarcadère de Perrache, est disposé en talus semés de gazon et d'arbustes qui égayent les abords de cette construction un peu maussade d'aspect.

Les façades de l'avant-corps et des ailes ont des cannelures et des profils de piliers, des moulures de caissons et de panneaux. A l'aile de droite on a sculpté les armoiries de Paris, Dijon et Mâcon; à l'aile de gauche, celles de Marseille, Avignon et Valence.

Cette entrée de notre ville est incontestablement la plus magnifique, celle qui laisse le moins deviner au voyageur nos petites misères intérieures. Du haut de ce viaduc, l'œil émerveillé découvre jusqu'au mont Pilat, la perspective fuyante du cours du Rhône bordé de quais, de promenades et de somptueux édifices, tels que l'Hôtel-Dieu; en arrière, au second plan, la vue s'arrête sur le gracieux amphithéâtre des collines de Fourvières, de Sainte-Foy et des

Chartreux ; tandis que du côté opposé elle s'étend sur l'immense plaine qu'encadre le sublime horizon des Alpes. En face, on entre en ville par la magnifique place Napoléon et la belle rue de Bourbon.

Gare de Vaise.

Cette importante section qui relie la seconde ville de France à la capitale, a été ouverte l'année 1854, et grâce à l'infatigable activité de M. Jullien et des ingénieurs placés sous sa direction, le problème a été résolu : Lyon n'est plus qu'à dix heures de Paris.

Cette nouvelle section comprend 124 kilomètres et traverse dans son parcours le chef-lieu du département de Saône-et-Loire.

A partir de Tournus, dont l'aspect est tout italien, le voyage devient une véritable féerie. La contrée dans laquelle on pénètre n'est pas seulement une des plus fertiles, elle est encore une des plus riantes de France. Rien ne saurait égaler le charme de ces vertes montagnes du Mâconnais et du Beaujolais, si ce n'est la vue de la

Saône, mollement endormie dans son lit bordé de riantes prairies et de cette myriade de villages de la Bresse, dont les clochers s'élancent brillants à travers des massifs de verdure et de fleurs.

Au milieu de ces enchantements on arrive rapidement à Mâcon, que le chemin de fer traverse dans sa partie haute, la plus éloignée de la Saône, au moyen d'une belle tranchée sur laquelle ont été jetés plusieurs ponts élégants.

Villefranche est la dernière station de l'express avant d'arriver à Vaise ; on y remarque un beau pont construit par M. Rueil, ingénieur. De ce point on arrive agréablement au terme du voyage, après avoir dépassé les stations de Trévoux, Villevert et Collonges. C'est surtout en approchant de Lyon que la vallée de la Saône, plus resserrée, devient des plus pittoresques. Ses châteaux et les délicieuses villas où les riches Lyonnais viennent jouir des douceurs de la campagne, ne le cèdent en rien aux plus élégantes habitations des environs de Paris.

On arrive à la gare de Vaise, dont les vastes proportions sont en harmonie avec son importante destination. En face est une belle rue ouverte et non encore terminée ; elle se nomme la rue de Paris. Plus loin, on trouve les beaux et nouveaux quais de Vaise ; en face d'eux, le côteau si pittoresque des Chartreux.

Les voyageurs qui veulent débarquer à Perrache au lieu de Vaise, continuent leur route en traversant de riants paysages, et aperçoivent à leur droite les jolies maisons du Plan de Vaise, le château de la Duchère, le Marché aux bestiaux, le Couvent de la Trappe ; et à leur gauche, les Abattoirs, tout Vaise, les Chartreux, Gorge-de-Loup, etc., etc.; ils traversent ensuite le fameux tunnel construit avec un art merveilleux sous la montagne de Fourvières. Ce trajet dure environ cinq ou six minutes.

FANTAISIE

EN GUISE DE PRÉFACE.

Sur une des riantes montagnes qui dominent Lyon, sur celle de Fourvières, l'auteur de cette Notice avait établit son observatoire, non, comme un nouvel Asmodée, pour découvrir avec une lorgnette ce qui se passe derrière les croisées et les rideaux des habitants de la cité lyonnaise ; sa curiosité n'allait pas jusque là, mais pour voir se dérouler à ses pieds la Saône calme et limpide, ses ponts, ses bateaux à vapeur sillonnant nos rivières, ses quais magnifiques, ses places grandioses et ses rues ; pour embrasser d'un coup d'œil ses immenses plaines des Brotteaux et du Dauphiné, et, lorsqu'il fait un temps clair, appercevoir le Mont-Blanc ; en un mot jouir d'un panorama unique en France. Il n'allait pas non plus écouter aux portes

pour entendre ces petites médisances fémi-
nines, couleur de rose et qui sont souvent
des noirceurs, mais pour recueillir dans les
greniers le récit des actes de bienfaisance s₁
nombreux à Lyon, qui ont fait surnommer
cette cité *la ville des aumônes* et des dé-
vouements incessants de cette institution des
sauveteurs qui sont si nombreux dans nos
murs et qui rendent de si grands services à
l'humanité.

LYON

VU EN TROIS JOURS (1)

————

Lyon fut fondé par le consul Lucius Monatius Plancus, au confluent du Rhône et de la Saône, après la mort de César et quarante ans avant Jésus-Christ.

C'est aujourd'hui la seconde ville de France par sa population, qui est de 350,000 âmes; par ses nombreux monuments, sa riche industrie des soieries et d'autres importantes; enfin, par ses deux grands fleuves, les plus navigables de France.

(1) Pour la description complète des monuments, consulté le *Guide descriptif, monumental et industriel*, de M. Chambet, paru en 1860, en vente chez M. Méra, libraire, rue Impériale, 15.

Ville intermédiaire entre le midi, l'est et le nord ; celle qui, après Paris, a le plus de lignes de chemins de fer : deux lignes de Paris, Bourbonnais et Bourgogne ; Suisse par Genève ; Italie par Marseille ; Savoie, Grenoble, Bourgoin, Saint-Etienne.

Vingt-trois ponts relient les communications des différentes rives : quatorze sur la Saône et neuf sur le Rhône.

Un Hôtel-de-Ville, le plus beau de France, construit sur les plans de l'habile François Maupin, nouvellement restauré sur les dessins de M. Desjardins, architecte de la ville, un Palais-des-Arts, où sont renfermés des chefs-d'œuvre d'une immense valeur, en peinture, sculpture, antiquités ; un Palais-de-Justice ; un Palais-du-Commerce, chef-d'œuvre moderne de notre éminent architecte lyonnais Dardel.

Vingt-neuf églises paroissiales, dont plusieurs très-belles ; plus de cinquante chapelles ; six hôpitaux, dont un général, le plus vaste de France, œuvre de Philibert Delorme ; des établissements charitables par centaines ; des maisons religieuses de tous les ordres : Capucins, Carmes, Trapistes, Carmélites, etc. ; deux Ly-

cées ou Collèges, des institutions, des pensionnats en grande quantité; deux théâtres; l'Alcazar; deux petites salles de concert, trop exi-
guës et de mauvaise construction acoustique;
un Casino, cafés-concerts; de beaux hôtels,
cafés, restaurants de premier ordre et ordre se-
condaire.

Un Parc magnifique avec des animaux de toute
espèce, du dromadaire au chacal, de l'autruche
au canard; des Jardins botaniques et horticoles;
des Musées de tous genres : peinture, sculpture,
numismatique, antiquaire, d'industrie à la Mar-
tinière, industriel et manufacturier.

Deux Bibliothèques, dont une renferme
plus de deux cent mille volumes d'art et d'industrie; des Cercles de tous les genres; des Sociétés savantes, scientifiques, artistiques, etc., et
tout ce qui peut exister.

Lyon possède deux statues équestres :
Louis XIV et Napoléon; six statues pédestres en
bronze, celles du maréchal Suchet et de Jac-
quart; des fontaines monumentales ou allégori-
ques de tous les genres; des statues religieuses
en pierre et très-remarquables, ornant les façades des maisons ou les angles des rues et

quais ; des lignes de quais magnifiques, de plus de huit kilomètres d'étendue, et ornés de plantations d'arbres ; une Compagnie des eaux, deux du gaz ; plusieurs Cimetières dont le plus remarquable est celui de Loyasse ; une Condition des soies ; plusieurs Cours ornés de belles plantations ; des Squares ; une Ecole de dessin, celle de Lamartinière ; des Crèches et Salles d'asile ; des Refuges, l'hospice des Jeunes Incurables, des Sourds et muets, des Jeunes Aveugles, etc.; une Ecole vétérinaire; les Galeries de l'Argue et de l'Hôtel-Dieu; un Hyppodrome, une Manufacture de tabac, un Mont-de-Piété, un Grand-Séminaire, des Temples israélites et calvinistes, une Société nombreuse des Amis des Arts qui, chaque année, fait des expositions très-visitées et appréciées ; des Sociétés musicales dont l'une, la *Fanfare Lyonnaise*, jouit d'une grande réputation ; des Orphéons, etc. Lyon possède aussi de belles casernes et des forts détachés.

CONSEILS AUX VOYAGEUFS

AYANT TROIS JOURS POUR VISITER LYON

Il est à supposer que le voyageur loge dans l'intérieur de la ville, c'est-à-dire entre l'Hôtel-de-Ville et la place Bellecour ; s'il en est autrement, le voyageur arrangerait selon sa demeure l'itinéraire suivant :

PREMIÈRE JOURNÉE.

Visiter l'Hôtel-de-Ville intérieurement, les appartements de l'Empereur, ceux de la ville et du département qui sont des plus remarquables. Dans le vestibule, du côté de la place, deux chefs-d'œuvre de Coisevox : le Rhône et la Saône.

En sortant de la Préfecture, visiter le Grand-Théâtre avec ses statues sur la façade et son beau foyer ; visiter les musées, le cabinet d'histoire naturelle et la bibliothèque, au Palais-des-Arts, même place.

En sortant, remarquer l'aspect monumental de la place des Terreaux : l'Hôtel-de-Ville, le palais

Saint-Pierre et la fontaine de la place ; la belle maison du Passage des Terreaux, où se trouvent, sur la façade, les statues de Philibert Delorme et de Simon Maupin, célèbres architectes.

Là , rentrer dans le centre de la ville par la rue Saint-Pierre, voir en passant l'église de ce nom (tableaux remarquables); plus loin l'église de St-Nizier, l'une des plus grandes de Lyon; de là se diriger sur les quais de la Saône, pour admirer les beaux côteaux de Fourvières, Sainte-Foy et les Chartreux ; rentrer à l'intérieur par la rue Grenette, visiter le Palais-du-Commerce,

la Bourse, le Tribunal de commerce, la Chambre de commerce, le Musée industriel; en sortant, voir le grand Marché couvert, l'Eglise St-Bonaventure, chapelles et vitraux grandioses.

Se diriger par la rue Impériale jusqu'à l'Hôtel-
Dieu ; voir la chapelle, le cloître et les salles de
malades, surtout celle des quatre rangs, et le
grand dôme ; au fond de la dernière cour, la
statue du célèbre chirurgien Bonnet.

Revenir place Louis-le-Grand,

remarquer l'aspect grandiose de cette place, la statue équestre de Louis XIV, chef-d'œuvre de Lemot, les jardins et jets d'eau de la promenade, l'église de la Charité et le grand Hospice.

. Le petit théâtre, place des Célestins, où se jouent les drames et les vaudevilles.

DEUXIÈME JOURNÉE

Rue Impériale, côté nord, voir le grand hôtel de Lyon ; les beaux magasins de la Ville de Lyon ; à côté, la Banque, rue de la Bourse ; la Caisse d'épargne, ornée des jolies statues dûes au ciseau de M. Bonnet ; la grande Bibliothè-que ; la visiter à l'intérieur, dans les bâtiments du Lycée ; sortir par le quai du Rhône, admirer les côteaux au nord de St-Clair et la Pape, la place Tholozan, où se trouve la statue du maré-chal Suchet.

Au levant, l'aspect général du quartier neuf des Brotteaux, l'immense ligne d'admirables quais et les ponts ; remarquer extérieurement la belle façade de l'Hôtel-Dieu ; suivre le quai jusqu'à la place de la Charité, où se trouve l'hospice ; visiter la chapelle et le cloître, la crèche des enfants trouvés, celle des malades, les dortoirs de la vieillesse, et surtout la petite pharmacie, d'un style des plus artistiques ; en sortant, visiter l'Eglise Saint-François, remarquable par les peintures, fresques de divers peintres lyonnais ; l'église la mieux tenue de la ville comme propreté ; vaisseau d'une construction orientale.

Rue de Bourbon, place Napoléon, statue équestre de l'Empereur dans la pose historique (Lyonnais, je vous aime).

Le beau cours Napoléon ; le grand débarcadère général de toutes les lignes de chemin de fer ; l'Arsenal ; le gazomètre ; les prisons.

Rentrer par la Saône ; admirer les riants côteaux de Sainte-Foy et ses charmantes villas, la promenade des Étroits ; revenir vers le pont d'Ainay ; entrer dans l'église de ce nom, ancien temple d'Auguste, le monument le plus ancien de Lyon ; traverser le pont ; voir le vieux Lyon

par le quartier St-Georges ; visiter l'église à
moitié reconstruite ; suivre dans l'intérieur du
quartier pour l'aspect de la vieille ville, habitée
par de nombreux ouvriers tisseurs de soie ; visiter la cathédrale la plus grande et la plus stylée
de l'époque gothique de Lyon ; remarquer la fontaine de la place, le baptême de saint Jean-
Baptiste, étouffé dans une coquille ; voir à côté
le Palais-de-Justice

(Voir les gravures ci-derrière).

Eglise St-Nizier.

c

Eglise St-Jean.

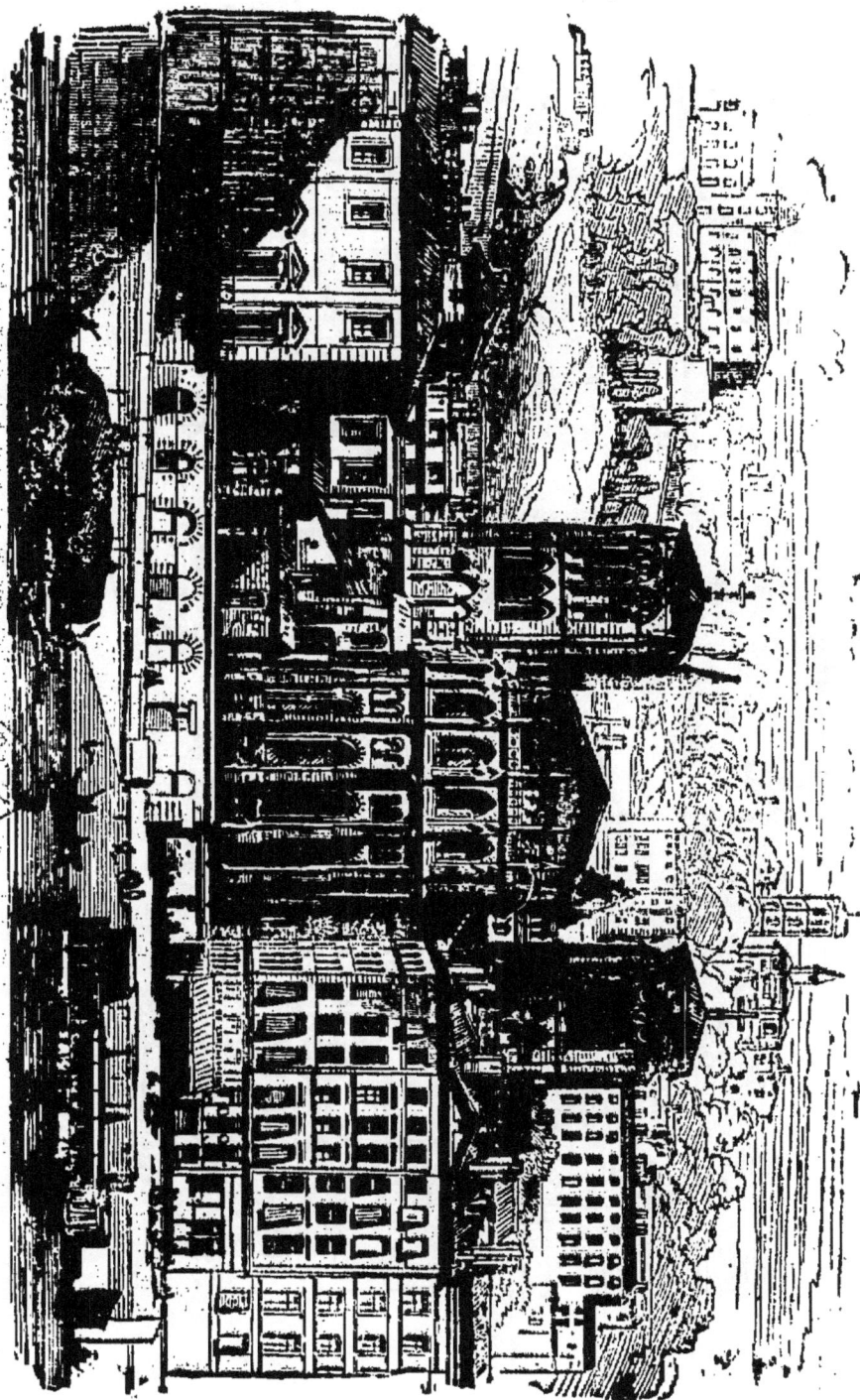

Pont Tilsit.

Palais de Justice.

avec sa vaste colonnade, la salle des Pas-Perdus et les sculptures de MM. Hérald et Bonnet. En sortant, monter à Fourvières pour admirer le plus beau panorama de l'univers : la ville de Lyon dans toute son étendue, ses deux fleuves, le Rhône vu presque à sa source, les blanches montagnes du Mont-Blanc et toute la chaîne des Alpes, celles de l'Auvergne à droite, celles du Bugey à gauche, celles du Bourbonnais derrière. Rien ne peut être comparé à cette vue par un temps clair, et surtout lorsque le soleil a dépassé deux ou trois heures et plus après midi : plus on avance l'heure du couchant, plus l'effet est saisissant; la ville est éclairée comme par un réflecteur.

A côté de Fourvières, le restaurant Moret, d'où l'on a la vue la plus remarquable; près de là la place des Minimes avec ses squares et sa vue admirable; sur cette place se trouve l'institution des sourds-muets; près de là l'hospice de l'Antiquaille et sa chapelle, où sont renfermés les fous et des malades dont les maladies sont dangereuses; non loin encore, le Calvaire avec ses caveaux renfermant les ossements des premiers martyrs chrétiens, le grand Séminaire avec sa vue si étendue.

Voir, si le temps le permet, en descendant de la montagne, le beau cimetière de Loyasse, où sont enfouies des richesses de sculpture et constructions de monuments funéraires ; descendre par le chemin de l'Observance ; voir la ville de ce côté, le beau vallon de Gorge-de-Loup, et, à vol d'oiseau, le débarcadère de Vaise, la Saône vue du côté nord, le côteau des Chartreux, la tour de la Belle-Allemande, les forts de Serin, les ponts, le grand Marché du bétail de boucherie, les Abattoirs de Vaise, diverses usines de tous genres. En passant, visiter l'Ecole vétérinaire, et surtout la petite chapelle de l'Observance ; rentrer par les quais de la Saône, en face la Manutention ; ne pas oublier la statue du bon Allemand Cleberger, dit l'Homme-de-la-Roche.

(Voir la gravure ci-contre).

Le soir assister à une représentation du Grand-Théâtre : opéras et ballets , ou voir les cafés-chantants.

TROISIÈME JOURNÉE.

Côté nord de la ville, place Sathonay, statue de Jacquard.

Monter par la rue de l'Annonciade, et voir la pittoresque promenade des Chartreux et sa belle église.

Troisième panorama de la ville vue du nord au sud : promenade des Tapis ; entrer dans la Croix-Rousse ; visiter un des ateliers de soieries, pour voir travailler nos belles étoffes connues dans le monde entier ; descendre par la porte St-Laurent.

Quatrième panorama de la ville : le Rhône , quartiers neufs des Brotteaux à vol d'oiseau, le débarcadère du chemin de fer de Genève et les riches plaines du Dauphiné ; descendre par la Côte-St-Sébastien ; remarquer les fabricants d'ustensiles nécessaires à la manufacture des soieries ; passer par le quai St-Clair ; au bas de la côte, la place Tholozan, statue du maréchal Suchet, Lyonnais ;

traverser le pont Morand ; se diriger au Parc de
la Tête-d'Or,

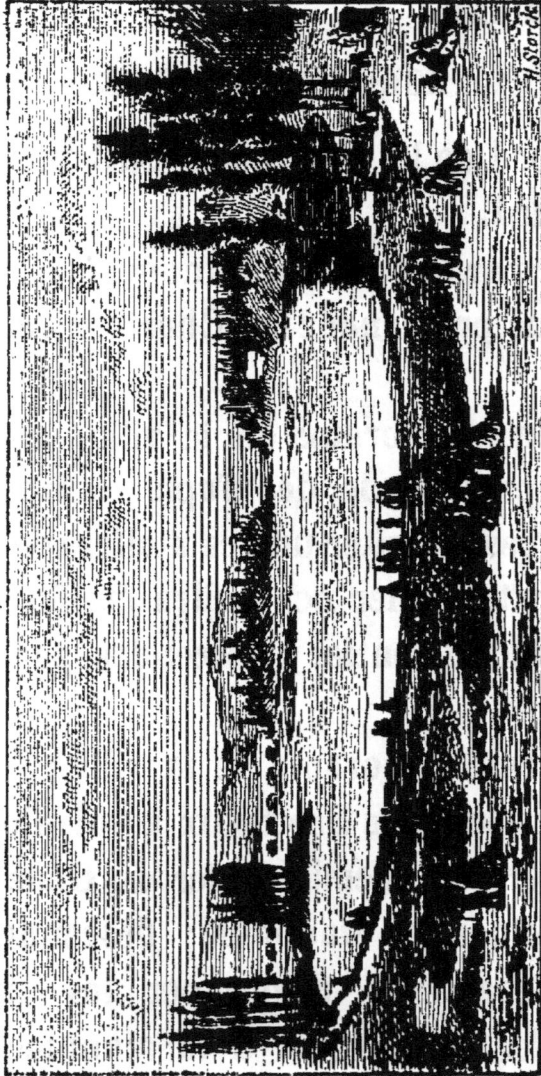

belle promenade ; visiter les animaux, les serres, et surtout le Châlet, où l'on trouve des

consommations pour toutes les bourses, du prince à l'artisan.

Après avoir visité les serres remarquables du Jardin botanique et horticole; rentrer par le Cours Morand, visiter le palais de l'Alcazar, vaisseau à immense coupole, pouvant contenir trois à quatre mille personnes, où ont lieu les grands bals masqués; voir l'Eglise expiatoire, cours Lafayette; les vastes et belles casernes de la Part-Dieu; rentrer par le quai Castellane; voir l'aspect de la ville du levant au couchant, la chaîne de montagnes de Fourvières qui ferme l'horizon et forme dernier plan, les quais du Rhône (rive gauche).

Rentrer par l'un des ponts, et voir la ville le soir, les beaux magasins de la rue Impériale,

de la place Impériale, des rues de l'Impératrice et Centrale, côté nord surtout. Voir quelques cafés-chantants : le Casino et ceux des Célestins.

Les plus belles places de Lyon sont celles de Bellecour ou Louis-le-Grand, de l'Impératrice, Impériale, où se trouve les bureaux de la Télégraphie, du Trésorier de la Ville, des jardins et une magnifique fontaine, des Terreaux, de Napoléon, de la Bourse, Sathonay, Louis XVI, aux Brotteaux, ou bientôt on verra une fontaine monumentale que l'on érige en souvenir de l'affranchissement des ponts, etc.

Les plus belles rues : Impériale, de l'Impératrice, de Bourbon, Centrale, St-Pierre, Childebert, Grenette, de la Bourse, d'Algérie, Lafond, Puits-Gaillot, Royale, St-Dominique, des Archers, de la Reine, du Commerce, se reliant à celle de l'Annonciade, au haut de laquelle est une délicieuse promenade avec une vue des plus pittoresques ; des Capucins, où se trouvent nos principaux fabricants de soierie, Vaubecour, Ste-Hélène, de Jarente, d'Auvergne, etc.

Parmi les plus beaux quais (ils sont tous splendides), on remarquera celui de St-Clair, avec des maisons très-belles et une allée d'arbres.

C'est là qu'habitent la plupart des marchands de soie en gros; à la suite se trouve le cours d'Herbouville.

Les quais d'Orléans et de Saint-Antoine avec ses promenades.

Le quai de Retz, où sont les bains du Rhône; celui de la Charité, où se trouve l'Hôpital militaire, l'Hospice de la Charité, la Manufacture de tabac, etc.

(Voir la gravure ci-contre).

Le quai Serin, avec ses grandes casernes, sa Manutention militaire, sa Halle-au-Blé.

Le pont de la Mulatière où se trouve la jonction du Rhône et de la Saône.

Les ponts les plus beaux sont : sur le Rhône, ceux de Louis-Philippe, Morand, dont les arches sont en bois rouge, Lafayette, de la Guillotière, du chemin de fer de la Méditerranée ; — sur la Saône, ceux de Serin, de Nemours, de Tilsitt, du Palais-de-Justice, d'Ainay, etc.

A l'extérieur de Lyon on peut voir les jolis villages d'Oullins, où se trouve le beau pensionnat des Dominicains et l'Hospice du Perron ; de St-Genis, d'Écully, avec sa belle église ; de Ste-Foy avec ses côteaux verdoyants ; Rochecardon, où se trouve la fontaine où J.-J. Rousseau inscrivit le nom de sa Julie ; l'Ile-Barbe, avec quelques maisons gothiques et une ancienne chapelle, c'est là où Charlemagne avait une bibliothèque ; Charbonnières, réputé par ses eaux pour les maladies de la peau, son beau bois de l'Étoile ; Fontaines, Collonges et Neuville, avec son beau parc et son établissement des eaux ; le Mont-Cindre, où l'on monte par Saint-Cyr. Vue des plus étendues.

MANIÈRE DE VIVRE

ᴾOUR LES VOYAGEURS.

Chocolat et café au lait dans tous les grands cafés, 50 ou 60 centimes. Les beaux cafés-restaurants donnent des déjeûners et dîners à la carte : bonne chère, mais prix élevés. Restaurants à prix fixe, de un franc à cinq.

Dans les hôtels, excellente table d'hôte de 2 fr. 50 à 3 fr. Restaurateurs de premier ordre, à la carte ou à prix fixe, de 3 à 10 fr. par tête. Restaurants de second ordre, de 2 francs et au-dessus.

Pour les petites bourses, dans les quartiers des Terreaux, Célestins, Préfecture, restaurants de 1 fr. 25, 1 fr. 50 et 2 fr., ou à la carte, à prix réduits. Les brasseries servent choucroûte et viandes fumées allemandes.

Excellente bière lyonnaise en cruche, bière en choppe dans les cafés et dans les brasseries. Consommation de luxe : glaces, limonades, sorbets liqueurs fines, dans les cafés de premier ordre. Dans les buvettes et comptoirs, liqueurs de second choix : orgeat, limonade, groseille, vins étrangers à prendre sur le comptoir.

APPENDICE

—

Pendant l'impression de notre *Guide* il nous est parvenu divers documents intéressants que nous croyons devoir insérer.

Le département du Rhône possède des mines de houille, de cuivre, de soufre, de manganèse et de plomb, des carrières de pierres, des hauts-fourneaux et des fonderies.

Au 1er janvier 1854 , le recensement général des appareils à vapeur du département donnait 162 chaudières calorifères ; 314 chaudières calorifères employées à produire de la vapeur comme force motrice ; 806 récipients de vapeur ; 480 machines d'une force de 2,120 chevaux et demi. Ces appareils étaient répartis dans 394 établissements distincts.

Aujourd'hui le nombre en est très-augmenté.

Le Rhône a , en face de Lyon , une largeur moyenne de 200 mètres. Ses crues subites et ses débordements ont souvent causé de funestes dégâts , parmi lesquels on peut citer ceux de 1812, de 1825, 1836, de 1840 et de 1856.

La Saône, dont les eaux paisibles contrastent avec le cours impétueux du Rhône, offre à Lyon une largeur moyenne de 150 mètres.

Les quais qui bordent et ornent les deux rives de la Saône et les deux rives du Rhône, ont un développement de près de 20 kilomètres, chose qui ne se voit dans aucune ville du monde.

Les places publiques sont à Lyon au nombre de 59 (1).

L'élévation de Lyon au-dessus du niveau de la mer, a été déterminée à 162 mètres ; le climat y est doux et sain, quoique sujet aux brouillards et aux pluies, la moyenne de la quantité d'eau qui y tombe est de 29 pouces 2 lignes 28 centièmes. Les campagnes environnantes sont fertiles, bien cultivées, parsemées d'un grand nombre de jolies maisons qui annoncent l'aisance, et riches en sites pittoresques.

Le haut commerce habite plus particulièrement les quartiers de St-Clair et des Capucins, qu'on a surnommés la *Chaussée d'Antin lyonnaise*; la noblesse et les riches propriétaires, les quar-

(1) Ce nombre est dépassé depuis l'adjonction des faubourgs.

tiers de Bellecour et d'Ainay : ce qui les a fait décorer du nom de *faubourg Saint-Germain ;* le barreau occupe en partie le quartier Saint-Jean, et représente le *quartier Latin de Paris.* La rue Longue renferme les toiliers ; la rue Centrale , les drapiers ; la rue Saint-Côme et le quai Saint-Antoine, les orfèvres ; la rue Tupin, les marchands de coton et de fil ; la rue Mercière, les marchands d'indiennes et la librairie de piété et d'éducation ; le quai Saint-Antoine, les marchands d'habits confectionnés, etc.

Les Lyonnais en général sont laborieux, sages dans leurs spéculations ; ils sont courageux et ont fourni à nos armées d'excellents officiers et soldats ; ils aiment les sciences et les arts, et les cultivent avec plus de succès que les lettres. Les arts mécaniques sont surtout du goût des habitants de Lyon ; il n'est aucune ville, après Paris, qui compte autant d'inventeurs brevetés.

De prétendus touristes , appartenant à la presse libérale de Paris, ont souvent écrit sur Lyon des appréciations erronées ou de mauvaise foi. A côté de l'esprit de malveillance de ces *messieurs* nous citerons plusieurs fragments d'un article de M. Mériclet ; on verra au moins que cet écrivain montre à la fois de l'impartialité et de la modération.

« J'ai beaucoup voyagé, comme touriste, j'ai visité Bordeaux, Marseille, Genève et autres grandes villes. J'ai eu souvent occasion de me mêler à des conversations engagées sur la ville de Lyon. Partout il m'a été démontré, malgré le rajeunissement de notre cité, qu'il existait des préventions contre elle, et que loin de s'affaiblir elles persistaient encore. Je n'entends pas rappeler les Lettres sur Lyon du journal la *Franche-Comté*, ni les paroles impertinentes de M. d'Audigier, le chroniqueur du journal la *Patrie;* non, ce que j'ai à faire connaître est une expérience personnelle pratiquée à Genève.

« La discussion à propos de la seconde ville de France était arrivée à un tel degré d'irritation, qu'elle faillit engendrer des provocations sérieuses. Le départ de trois voyageurs de l'hôtel de la Métropole mit fin à cette lutte où chacun défendait son drapeau à outrance. Il est très-remarquable que les Anglais qui voyagent en France s'arrêtent à Boulogne, Paris, visitent Bordeaux et traversent Lyon. Les touristes parisiens parcourent la Bretagne, la Normandie, les Pyrénées, traversent rapidement le Midi et touchent à peine à Lyon; le grand nombre voyagent sous l'influence de vieilles préventions contre cette ville. C'est une croisade qui reparaît sans cesse, des reproches systématiques, et une véritable propagande de table d'hôte. Je sais bien, comme disent les philosophes, que la vérité finît toujours par avoir raison, mais je crois qu'il faut aussi lui déblayer la route.

« La ville de Lyon est divisée en deux parties: le Lyon moderne et le Lyon moyen-âge. Une grande partie de l'ancien Lyon, composée de rues étroites et malsaines, a disparu pour faire place à trois magnifiques rues; il n'en existe pas en France, j'en excepte la rue de Rivoli, une plus belle que la rue Impériale, avec sa place, sa fontaine et sa gerbe d'eau s'épanchant dans des bassins de marbre, son jardin et sa prairie semée de fleurs et d'arbustes, son palais de la Bourse, cette nouvelle merveille de l'architecture, les bâtiments de la Banque, son grand Hôtel de Lyon, et enfin ses magnifiques maisons ornées de riches magasins. Paris n'offre rien de plus luxueux, de plus beau; la rue de la Paix est moins élégante : circulation animée, bruit,

éclat, lumière, voilà la rue Impériale. Toutes
ces merveilles ont été promptement accueillies :
une fée puissante a frappé la terre de sa baguette
d'or, il en est sorti des palais et des magnifiques maisons ; le moindre soleil d'été ou d'hiver
qui apparaît sur la ville lui appartient, le vent
du soir et le vent du matin renouvellent sans
cesse l'air d'un bout à l'autre de la rue, son
aspect est un enchantement continuel. Il en est
de même de la rue de l'Impératrice; alors voyez
si aucune ville de France osera élever la préten-
tion de l'égaler en beauté et en richesses. Mais
laissons l'avenir, le présent est assez riche pour
que nous en parlions. Disons deux mots du
coteau de Fourvières, de ses maisons en amphithéâtre et de son magnifique couronnement;
du côteau des Chartreux et de son église, qui
produit un incomparable point de vue.

« Parlons en passant de nos vieilles églises,
morceaux si précieux légués par les siècles pas-
sés; de nos ruines romaines. Dans cette enceinte
admirable qu'on nomme Lyon, il y a de tout :
des palais modernes, des temples antiques, de
vieilles églises, des musées, des théâtres, un
parc de la Tête-d'Or, des quais peuplés d'arbres,

un fleuve et une rivière, et tout ce qui peut enfin satisfaire les touristes les plus difficiles et les
goûts les plus artistiques. C'est la variété, l'antique et le moderne réunis, le simple et le merveilleux, la théorie des arts et la pratique. Veut-
on donner des fêtes vénitiennes ? on aura le
nouveau Palais de la Bourse, l'Hôtel-de-Ville
pour les fêtes parisiennes ; vous aimez la musi-
que ? vous entendrez des artistes de premier ordre.

« L'intelligence moderne devrait comprendre
toutes ces choses-là. Mais si je fais entrevoir la
ville de Lyon sous son aspect pittoresque, artis-
tique et moderne, je n'ai point indiqué la cause
la plus attractive et la plus capable de satisfaire
les exigences des touristes. Avant d'aller plus
loin, qu'on me permette de rappeler l'histoire
d'une petite excursion faite à Avignon, en compagnie de trois touristes très-enthousiastes, et
bien décidés à admirer la ville où Pétrarque a
immortalisé la belle Laure. Après avoir gravi
l'éminence escarpée qu'on nomme la roche de
Dons, nous entrâmes dans le palais des Papes,
si remarquable par la masse irrégulière de ses
constructions gothiques et par la hauteur de ses

tours, nous visitâmes l'église Notre-Dame et toutes ses curiosités. Après avoir parcouru les chapelles et la sacristie, le bedeau nous dit : « Messieurs, voici l'escalier qui conduit à la tour, voulez-vous monter ? » — Oh ! répondit le Parisien, le vent est trop fort. Plus loin le bedeau nous proposa de descendre dans les caveaux pour visiter les tombeaux. — Les caveaux sont humides, dit un autre touriste, j'ai la crainte de m'enrhumer. Enfin, de toutes les curiosités de cet antique Avignon, ce qui parut satisfaire tout-à-fait les touristes, ce fut le dîner de l'hôtel d'Europe. L'air vif du pays avait donné de l'appétit aux voyageurs et le dîner fut la distraction la plus agréable de la journée. Cette anecdote est puérile en apparence ; si je la raconte, c'est pour faire comprendre que tout en rendant justice à quelques touristes avides de voir et de s'instruire, la plupart de ces amateurs, qui vont de par le monde à la recherche des vieilles tourelles et des sites pittoresques, les perdent souvent de vue, et les excursions les plus intéressantes sont celles qui les rapprochent d'un excellent dîner. Je ne révèle rien de nouveau en disant que de toutes les grandes

villes de France, Lyon est la ville où le touriste
le plus exigeant, le plus gastronome, trouvera le
plus de facilité et de bon marché pour satisfaire
ses goûts culinaires. L'art de nos artistes en cui-
sine ne le cède en rien à celui des artistes parisiens ; leur réputation est moins bruyante, mais
elle est plus solide. Ce côté positif de la vie,
cette prose de tous les jours est bien supérieure
à celle de Paris.

De toutes les grandes villes, Paris excepté,
pour les amateurs de voyages, pour les touristes instruits, pour tous ceux enfin qui vont cou-
rant le monde pour y découvrir de vieux monuments, de vieilles églises, des traces de la domi-
nation romaine, et des musées réunissant des
chefs d'œuvre par sa position unique et admirable, par son antiquité, ses monuments, ses sou-
venirs historiques, ses artistes, sa vie à bon
marché, ses excellents hôtels, Lyon est la seule
ville qui puisse exercer une véritable attraction
sur les touristes français et étrangers. On trouve
dans cette ville une variété abrégée des distrac-
tions et des amusements de Paris , un bois de

Boulogne en miniature, des quais embellis par des avenues d'arbres à perte de vue, des places magnifiques, des fontaines avec des cadres de fleurs et de verdure, un théâtre où l'opéra possède des artistes aussi parfaits que ceux de l'Opéra-Comique de Paris, des cercles. Enfin, pour clore cette légende des plaisirs officiels et revenir aux plaisirs culinaires, pour 5 fr. on peut dîner aussi bien que dînaient le marquis d'Aigrefeuille, le marquis de Cussy, Brillat-Savarin et le docteur Véron.

MÉRICLET.

OBSERVATOIRE DU PAVILLON
à Fourvières

Tant que *l'observatoire Gay* s'est nommé *Pavillon Nicolas*, il n'a point été apprécié et n'a pas été visité par les étrangers. Depuis que M. Gay a ouvert son passage, et publié des photographies du vaste panorama vu de son observatoire, le public et les étrangers se sont empressés d'accourir. L'observatoire Gay est admirablement placé pour voir la configuration générale de la ville de Lyon.

De cet *observatoire*, on jouit de l'un des plus admirables panoramas qu'il soit possible à l'homme de contempler. L'étranger aux yeux duquel cet immense tableau se déroule pour la première fois, est frappé d'étonnement. On promène le regard sur cinq riches pays de France : le Lyonnais, le Dauphiné, le Bugey, la Bresse, le Beaujolais, etc. Si l'œil plonge jusqu'à l'horizon, il découvre, au sud, le mont Pilat ; à l'ouest, les montagnes du Forez et de l'Auvergne ; ou nord le Mont-d'Or ; enfin, à l'est, le triple rang de montagnes formées par les Alpes

A FOURVIÈRES
OBSERVATOIRE & PASSAGE GAY.

N D de Fourvières.

SEUL ÉTABLISSEMENT
pour voir LYON dans son Pittoresque
On y admire Un Immense Panorama
Le plus riche et le plus varié du
MONDE ENTIER

Du Pont de la Feuillée qui est en face la Place des Terreaux,
pour arriver à l'Observatoire le parcours n'a que 620 mètres,
le Passage GAY, abrège de moitié sur tous les autres chemins

Les Photographies de LYON pittoresque,
prises de l'Établissement ne se vendent qu'à l'observ^{re}
Grand choix pour Albums.

Dauphinoises, Savoisiennes et Suisses. Le Mont-Blanc est le dernier point que la vue puisse atteindre. Des montagnes du Dauphiné jusqu'aux bords du Rhône s'étend la belle plaine dauphinoise. La Saône surprend par les sinuosités de son lit et la lenteur de son cours. Le Rhône, dont on suit la course impétueuse sur une étendue de plus de dix lieues, frappe par son aspect majestueux. La presqu'île lyonnaise se montre entre les deux fleuves qui l'entourent. Elle commence au pied de la colline de la *Croix-Rousse*. La ville se développe devant le spectateur, qui peut apprécier la beauté de sa situation. On saisit les directions de toutes les artères de la grande cité. Les larges quais, les nombreux ponts et les grandes places sont animés par une population active. Le spectacle est aussi riche qu'il est grand. Si l'on regarde au bas de la colline de Fourvières, on voit de vieilles habitations, d'une architecture pittoresque et souvent élégante. Les trois mamelons du Mont-d'Or, le Mont-Thou, la plus élevée des trois cimes, le Mont-Cindre, etc.

Au sud, enfin, on peut contempler les vallons enchanteurs de Champvert et de Gorge-de-Loup, et le versant de la Sarra.

Voitures de place. — Règlement. — Tarif.

Arrêté du Préfet du Rhône en date du 28 décembre 1862.

Nous avons extrait de cet Arrêté les dispositions sui-
vantes, qui intéressent plus particulièrement le public :

N°   **DE LA VOITURE.**

—

*Conserver cette carte avec soin. En cas
de réclamation ou de contestation, se
faire représenter le règlement dont
le cocher doit être porteur.*

Art. 14. Tout propriétaire sera tenu de délivrer à ses
cochers, pour les courses de la journée, un nombre suf-
fisant de cartes imprimées et conformes au modèle ci-
dessus, adopté par nous, indiquant d'un côté le nu-
méro de la voiture, et de l'autre le tarif des courses
(V. l'art. 42.

Ces cartes ne pourront être surchargées ou altérées
en aucune manière.

Art. 20. Il est enjoint à tout cocher de remettre aux
personnes qui voudront faire usage de sa voiture, soit à
la course, soit à l'heure, et avant qu'elles n'y montent,
l'une des cartes qui lui auront été délivrées le matin,
conformément à l'art. 14 du présent arrêté.

Art. 21. Il est enjoint aux cochers de visiter, immédiatement après chaque course, l'intérieur de leurs voitures, et de remettre sur-le-champ aux personnes qu'ils auront conduites les objets qu'elles y auraient laissés; s'il ne peut les remettre immédiatement, le cocher les rapportera dans le jour à M. le commissaire spécial, chef de la police municipale, pour la restitution en être faite aux propriétaires.

Art. 23. Les cochers de voitures dites flacres ne pourront être contraints à recevoir dans leurs voitures plus de quatre personnes et un enfant.

Les cochers de voitures dites coupés, plus de deux personnes et un enfant.

Art. 24. Dans le cas où ils recevraient plus de personnes que le nombre fixé par les articles précédents ils ne pourront réclamer de supplément de prix, à moins qu'ils n'aient traité d'avance de gré à gré.

Art. 25. Aucun cocher ne pourra être contraint à laisser introduire des chiens ou autres animaux dans sa voiture.

Art. 28. Les cochers devront se faire payer d'avance lorsqu'ils conduiront des personnes aux théâtres, bals, concerts et autres lieux de réunion, etc.

Art. 32. Les cochers sont tenus de marcher à toute réquisition des voyageurs, quels que soit le rang que leur voiture occupera sur la station.

Art. 33. Les cochers ne seront pas tenus de recevoir dans leurs voitures des voyageurs en état d'ivresse.

Art. 40. Les voitures stationneront :

1° Sur la place des Terreaux.

2° Sur la place des Cordeliers.

3° Sur le cours de Brosses (Guillotière).

4° Sur la place Louis XVI (Brotteaux).

5° Le soir, rue Lafont, le long du Grand-Théâtre.

Art. 41. Le stationnement pour toutes les voitures est obligatoire depuis 7 heures du matin jusqu'à minuit; faute de se conformer au présent article, la permission de conduire sera retirée au cocher et la voiture mise en fourrière.

Art. 42. *Tarif du prix des courses pour l'intérieur de l'agglomération lyonnaise* (Décret du 24 mars 1852):

DÉSIGNATION des VOITURES.	De 7 heures du matin à minuit.			de minuit à 7 h. du mat.	
	la course.	la première heure.	les heures suivantes	la course.	l'heure
Fiacres............	1 50	2 »	1 50	2 »	3 »
Coupés, Victoria et Cabriolets....	1 25	1 50	1 25	1 65	2 50

Art. 43. Sont considérées comme courses à l'intérieur celles qui ne dépassent pas les limites actuelles de l'octroi.

Sont exceptées de cette disposition les courses à la gare du chemin de fer de la Méditerranée et celles au pont de la Mulatière, en passant par le chemin des Étroits. Ces courses ne cesseront pas d'être considérées comme faites à l'intérieur, quoique dépassant la limite d'octroi.

Art. 44. Les cochers transporteront, sans augmentation du tarif sus-indiqué, les paquets et bagages des voyageurs, toutes les fois que le volume et la nature de ces objets permettront de les placer soit à l'intérieur, soit sur l'impériale de la voiture.

Courses de grande distance depuis sept heures du matin jusqu'à minuit.

Art. 45. Ces courses s'étendant en dehors des limites de l'octroi, dans un rayon de huit kilomètres, se feront à l'heure à raison de 2 fr. 50 c. pour les fiacres et 2 fr. pour les coupés.

Les cochers ne seront pas tenus en aucune saison de dépasser après minuit les limites fixées par les articles 42 et 45. S'ils y consentent, le prix du voyage sera réglé de gré a gré entre eux et les personnes qui les emploieront.

Art. 46. Dans le cas où les personnes transportées ne reviendraient pas à Lyon avec la même voiture, il sera payé, pour le retour, la moitié du prix du temps employé jusqu'au point où la voiture sera laissée.

Art. 47. Tout cocher pris avant minuit et qui arrivera à sa destination après minuit, n'aura droit qu'au prix fixé pour le jour, mais seulement pour la première course ou la première heure.

Art. 48. Celui qui aura été pris avant sept heures du matin et qui n'arrivera à sa destination qu'après sep heures, aura droit au prix de nuit, mais seulement pour la première course ou la première heure.

Art. 49. Lorsque le cocher sera pris sur l'un des points

du territoire compris dans le ressort des courses de la plus grandre distance, il ne pourra exiger un salaire plus élevé que celui qui a été fixé par l'article 45.

Art. 50. Les cochers seront tenus de faire marcher leurs chevaux à raison de huit kilomètres à l'heure.

Art. 51. Le prix total de la première heure sera toujours dû intégralement, lors même que le cocher n'aura pas été employé pendant l'heure entière.

Art. 52. A compter de la deuxième heure inclusivement, le prix à payer sera calculé suivant l'espace de temps pendant lequel le cocher aura été employé.

Art. 54. Le péage des ponts continuera d'être à la charge des voyageurs. Le prix du cheval de renfort, fixé à 1 fr. 25 c. pour les montées du Chemin-Neuf, de la côte des Carmélites, de Saint-Sébastien et de Sainte-Foy, sera payé au cocher toutes les fois que le cheval de renfort sera pris réellement. Il ne sera dû au cocher qu'une indemnité de 50 centimes lorsque la voiture montera sans cheval de renfort.

Le cocher ne pourra se refuser de marcher faute de cheval.

Art. 55. Pour éviter toutes discussions, les cochers auront soin de demander aux voyageurs s'ils entendent être conduits à l'heure où à la course.

Art. 56. Le cocher sera porteur d'un exemplaire du présent arrêté, qu'il représentera à toute réquisition des voyageurs.

Art. 57. Tout cocher pris sur place ou sur quelque autre point de la voie publique que ce soit, est tenu de marcher à toute réquisition, aux prix du tarif.

Art. 58. Si un cocher est appelé à domicile et qu'il soit renvoyé sans être employé et sans avoir attendu, il lui sera payé 50 cent. en indemnité de son déplacement.

Art. 50. Lorsqu'un cocher aura été pris pour aller charger à domicile et marcher à l'heure, le prix de l'heure lui sera dû à partir de son arrivée à la porte du voyageur.

Art. 69. Si le cocher, pris pour marcher à la course, est obligé d'attendre le voyageur plus de dix minutes, il sera censé avoir été pris à l'heure.

Art. 61. Si le cocher qui, dans une course, aura été détourné de son chemin, par la volonté de la personne qui l'emploiera, aura droit au prix de l'heure.

Art. 62. Le cocher pris à la course, et qui, sans être détourné de son chemin, sera requis de déposer en route une ou plusieurs des personnes qui se trouveront dans sa voiture, n'aura droit qu'au prix de la course.

Art. 53. Il y aura constamment dans l'intérieur des voitures un tarif indiquant le prix des courses. Ce tarif sera fixé pour toutes les voitures sur le côté gauche.

Art. 64. Dans aucune circonstance, même exceptionnelle, il ne pourra être exigé par les cochers une somme supérieure à celle fixée par le tarif. Ils ne pourront non plus exiger de pourboire.

Art. 65. Les contraventions au présent arrêté seront poursuivies conformément aux lois, sans préjudice des mesures administratives, telles que la mise en fourrière, le retrait du permis de conduire, etc.

Les plaintes doivent être adressés à M. l'inspecteur principal de la voirie, dont les bureaux sont à l'Hôtel-de-Ville.

OMNIBUS. — SERVICES RÉGULIERS. — TARIFS

OBSERVATION ESSENTIELLE. — Il est dû par chaque Voyageur 5 centimes en sus du prix de sa place, pour le passage sur un pont payant (Règlement du 28 décembre 1852, art.54):

SERVICE INTÉRIEUR DE LA VILLE DE LYON

Points extrêmes du Parcours.

		PRIX DES PLACES	
		Semaine	Dimanc.
Place Napoléon (Perrache).	Place Kléber (Brotteaux).	» 25	» 25
	Pont Saint-Clair.	» 25	» 25
Quai d'Orléans à la Guillotière	Place de la Pyramide (Vaise).	» 25	» 25

SERVICE SPÉCIAL DE NUIT À LA SORTIE DU SPECTACLE

Péristyle du Grand-Théâtre.	Place Napoléon.	» 50	» 50

SERVICE DE LA BANLIEUE DE LYON

Destination.   *Stations:*

Destination	Stations	Semaine	Dimanc.
Brignais,	Place de la Charité, 8,	» 65	» 75
Chapelle Saint-Clair,	Port Saint-Clair,	» 25	
Charbonnières (par Vaise),	Quai d'Orléans.	1 »	
Charpennes,	Place Louis XVI,	» 25	
Collonges,	Quai d'Orléans.	» 50	» 60

Destination.	Stations.	Semaine	Dimanc.
Demi-Lune (par Vaise),	Quai d'Orléans,	» 40	
Ecully (par Vaise),	id.	» 50	
Fontaines (par Serin),	id.	» 50	» 60
Francheville,	Quai de Bondy,	» 50	
Guillotière,	Quai de Retz,	» 25	
Ile-Barbe,	Quai d'Orléans,	» 30	» 50
Mon-Plaisir (Guillotière),	Place des Cordeliers, 8,	» 35	
Mulatière (la),	Place de la Charité, 8,	» 25	» 25
Neuville (par Serin),	Quai d'Orléans, 31,	» 75	» 75
Oullins,	Place de la Charité, 8,	» 35	» 40
Pierre-Bénite,	Place de la Charité, 8,	» 40	» 50
Point-du-Jour,	Quai d'Orléans,	» 60	
Pont-d'Alaï,	id.	» 50	
Roche-Cardon (par Vaise),	id.	» 40	
Serin,	id.	» 25	
Saint-Clair (gare de Genève),	Place des Cordeliers,	» 25	
Saint-Cyr (par Vaise),	Quai d'Orléans,	» 60	
Saint-Didier (par Vaise),	Quai d'Orléans,	» 60	
Saint-Genis-Laval,	Place de la Charité, 8,	» 40	» 50
Saint-Just,	Quai d'Orléans,	» 60	
Sainte-Foy,	Quai des Célestins,	» 60	
Tassin,	Pont de Nemours,	» 50	
Venissieux.	Quai de la Charité,	» 50	

Destination.	Stations.	Semaine	Dimanc.
Vernaison,	Place de la Charité, 8,	» 60	» 60
Villeurbanne (place de la Mairie),	Quai de Retz,	» 30	
Villeurbanne (Maison-Neuve),	Quai de la Charité,	» 30	
Vourles,	Place de la Charité,	» 65	» 75

CHEMIN DE FER DE LYON A LA CROIX-ROUSSE ET A SATHONAY

Prix des Places

Chemin de fer de la Croix-Rousse, 10 et 20 centimes;

Celui de Sathonay, 30, 40 et 50 centimes, selon les places. Il est très-élégant et confortable.

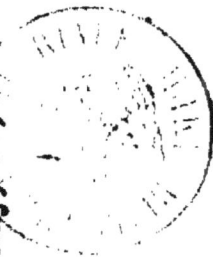

BATEAUX A VAPEUR.

Les Mouches

Bateaux omnibus de la Saône.

Pontons : pont Napoléon (Perrache), pont d'Ainay, Saint-Antoine (quai), la Feuillée (près le pont), Port-Mouton (Vaise).

Service : départ des deux points extrêmes à la fois à 7 h. 1/2 matin, et ensuite toutes les 14 minutes jusqu'à la nuit.

Prix : d'un point extrême à l'autre, 20 c.; de la Feuillée, Ainay à Perrache, et réciproquement, 15 c.; De Vaise au quai Saint-Antoine, et réciproque, 15 c.

Les Frelons

Service entre le quai Saint-Antoine et le Port-Mouton (Vaise), prix unique 15 cent.

Avec un ponton au pont de la Feuillée.

Cᵉ Générale de Navigation

Service entre Lyon et Arles. — Départ de Lyon tous les jours impairs à 6 heures du matin.

Bureaux : Place de la Charité, 12. — Port d'embarquement, quai d'Occident.

f

Thibaudier et Cᵉ

Service entre Lyon et Valence, les lundis, mardis, mercredis, vendredis et samedis à 9 heures du matin.

Bureaux : Place de la Charité, 7. — Port d'embarquement, quai Tilsitt.

Compagnie les Parisiens.

Service entre Lyon et Châlons. — Départs tous les jours à 7 heures du matin.

Prix : Premières.................. 5 fr.
    —   (aller et retour).... 8 fr.
Secondes................... 4 fr.
    —   (aller et retour).... 7 fr.

Bureaux : Quai de l'Archevêché, près le pont Nemours.

Aiglon nº 1.

Service entre Lyon et Mâcon. — Départ tous les jours excepté le dimanche à 7 heures 1/2 du matin.

Bureaux et port d'embarquement, quai de l'Archevêché.

AUX QUATRE SAISONS
Quai Tilsitt, 9, MAISON LIVET
MANUFACTURE
DE PAPIERS PEINTS
ET NOUVEAUTÉS DE PARIS
Les Magasins les plus vastes et les mieux assortis de France.

Tentures de toutes dimensions, sans ajoutures, en velours uni et damassé, reproduisant les nuances et les reflets des plus riches ameublements;

Décorations dans tous les styles éxécutés en coloris et en camaïeux, avec leurs plafonds assortis formant un ensemble complet;

Reproduction des moquettes, reps, lastings, toile de Perse et rayures, avec une telle perfection qu'on ne peut distinguer les papiers des étoffes;

Cuirs repoussés et dorés, pour meubles et imitations sur carton, pour tapisseries;

Faux-bois et marbres faits à la main, sur rouleaux de 150 centimètres de largeur, pour placer par panneaux, avec moulures assorties, figurant le relief.

Toutes les nouveautés de France sont réunies dans les assortiments de cette Maison, et les articles les plus remarquables sont présentés sur panneaux en grandeur d'exécution.

Plusieurs caisses de vrai papier de Chine, d'une grande beauté, par collection de 24 lés, ayant 20 centimètres de largeur. Valeur de 300 à 600 francs.

Diaphanies en feuilles et en rouleaux coloriés, servant à confectionner tous genres de vitraux pour chapelles et appartements.

Confection de paravents de toutes les mesures, simples ou élégants.

Grands choix de ces petits meubles faits à l'avance.

Des carnets d'échantillons sont préparés pour être mis à la disposition des personnes qui en feront la demande.

Les prix sont fixés, et les produits de la fabrique sont d'un bon marché qui ne peut être dépassé.

Décoration. — Gros et Détail. — Exportation.

HOTEL DE L'EUROPE

Quai des Célestins

Entrée place Louis-le-Grand

La réputation de l'Hôtel de l'Europe à Lyon est séculaire et on peut le dire historique, car c'est dans cet établissement que sont descendus, depuis le commencement de ce siècle, la plupart des princes et personnages illustres qui ont visité notre ville ; quoique la régénération de la cité lyonnaise, œuvre de ces dernières années, ait fait surgir des établissements rivaux, l'**Hôtel de l'Europe** le plus ancien de tous est resté digne de sa réputation; les récentes réparations que le nouveau propriétaire vient d'y faire effectuer le placent, sous le rapport du confort et du luxe, au niveau des plus célèbres établissements de ce genre, soit en France soit à l'Étranger.

Sa situation offre des avantages exceptionnels d'agrément et d'utilité ; tandis que sa face méridionale est tournée vers la place Bellecour, une des plus vastes et des plus belles du monde, sa façade occidentale se développe parallèlement au cours de la Saône, en face des collines de Fourvières et des Chartreux ; magnifique panorama qui semble un décor fait exprès pour l'Hôtel et la distraction de ceux qui y séjournent.

A Proximité de tous les services de transport, bureau de poste, bateaux à vapeur du Rhône et de la Saône, thélégraphie électrique, théâtres, etc, il réunit toutes les facilités et commodité désirables. Services de table de premier ordre, vastes écuries et remise, rien n'a été et ne sera négligé par M. CRÉPAUX aîné, son propriétaire actuel, pour maintenir et relever encore, s'il est possible, l'ancienne renommée de l'Hôtel qu'il dirige. — Chambres depuis 2 fr., voitures de remise et omnibus.

RESTAURANT DU LOUVRE

TENU PAR

M. NEYRET

Place de l'Impératrice, 77

et rue Jean-de-Tournes, 2

Dîners à la carte et à prix-fixes à 3 fr. et au-dessus

BELLES SALLES A MANGER
PETITS SALONS DE FAMILLE

Ce Restaurant, très-bien placé au centre de la ville, se fait remaquer par son élégance et le goût qui a présidé à ses ornements, le service est bien fait et la cusine bien apprêtée.

M. NEYRET est inventeur d'un nouveau pâté de gibier qui a eu un grand succès.

M. COCHARD-MONTALAND

Changeur de Monnaies

de France et de l'Etranger

ACHAT DE COUPONS DE RENTE ET VALEURS INDUSTRIELLES

joint à son commerce un

Magasin d'Orfèvrerie et de Bijouterie

HOTEL COLLET
Rue Impériale
A côté le bureau des Chemins de Fer

Cet hôtel se recommande par son confortable et sa bonne tenue. — Appartements de famille. — Table d'hôte et services particuliers.— interprètes de diverses langues. — Omnibus et voitures de remise.

Cet hôtel est un de ceux placés au premier rang.

PORTRAITS EN PHOTOGRAPHIE
ET AU DAGUÉRÉOTYPE
VUES
Reproduction de Tableaux, de Dessins et Objets d'art
Par DURAND, Graveur
Quai d'Orléans, 11, près le pont de Nemours

STÉRÉOSCOPES ET ÉPREUVES SUR VERRE ET PAPIER, PRODUITS CHIMIQUES, PLAQUES, OBJECTIFS, ETC.

PAPIER POUR LA PHOTOGRAPHIE ENCADREMENTS, PASSE-PARTOUT, ÉCRINS, ETC.

LIBRAIRIE CHRÉTIENNE

DE

BAUCHU & Cie

**LYON, place Bellecour, 6
PARIS, rue Cassette, 31**

Spécialité pour les reliures et les éditions de luxe et de goût ; livres pour étrennes, mariages, première communion, etc... Ouvrages religieux, piété, littérature ; histoire, voyages, morale, éducation.

On y trouve le plus grand assortiment de livres d'heures, paroissiens, imitations, recueils de prières, etc.

Cette maison est une des plus belles librairies de France.

Ses éditions sont estimées par leur beauté et par leur prix peu élevé. — Tous les ouvrages qui ont rapport au Rosaire perpétuel, propagé par les RR. PP. Dominicains de Lyon, se trouvent dans cette librairie.

La Couronne de Marie, annales du grand Rosaire et du Rosaire perpétuel, est éditée dans cette Maison.

LIBRAIRIE ET MUSIQUE

ANCIENNE MAISON AYNÉ

Antoine ROUX, successeur

Rue Saint-Dominique

près la place de l'Impératrice

LIVRES DE LUXE

pour mariage et première communion

Livres de piété, Sciences, Littérature

et Voyages

Spécialité pour Etrennes

Livres Anglais et Italiens

Albums de photographies

Cours complet des Livres classiques de Levy Alvarès
et de La mé Fleury

Pharmacie Générale de Lyon

Vente en gros aux Pharmaciens, Droguistes et Herboristes

—

Laboratoire modèle, à Monplaisir chemin de Combe-Blanche (Rhône)

—

Comptoir, Cabinet et Entrepôt Place Bellecour, 31

———

Crème Tentipelle, pour les taches, les efflorescences à la peau, excellent cosmétique. Le pot, 1 fr.

Eau Tentipelle pour blanchir la peau, pour épaissir, faire croître les cheveux et la barbe. Le flacon, 1 fr. 50.

Poudre Tentipelle pour bain et pour adoucir les mains. La boîte, 1 fr.

Fluide phitoptique contre la faiblesse de la vue. Le flacon, 5 fr.

Vinaigre lactifère pour la toilette. Le fl., 1 fr. 25.

Huile de noisettes, dégraissée et aromatisée. Le flacon, 1 fr.

Mixture antiblennorrhagique. Le flacon, 5 fr.

Poudre diurétique. La boîte 2 fr. 50.

Mixture organ-acoustique pour la surdité. Le flacon, 5 fr.

Vin stomachique, tonique, anti-nerveux. La bouteille, au Madère 3 fr., au Bordeaux rouge ou blanc, 3 fr., au Beaujolais, 1 fr. 50.

HOTEL DE PROVENCE
ET DES AMBASSADEURS
Places Bellecour et de la Charité
Le plus beau quartier de la ville, en face de la grande Poste

---

Bureaux des Bateaux à vapeur du Rhône dans l'Hôtel, près des Bureaux des Chemins de Fer.

Confortablement remis à neuf. Chambres particulières. Appartements pour les Familles. Vastes Salons de réception. — Belles Écuries, Voitures de luxe, Bains ordinaires et médicinaux.

Interprètes attachés à l'Hôtel.

HOTEL DE FRANCE
Rue de l'Arbre-Sec, 7 et rue Pizay, 8

Tenu par M. ENCONTRE et Mme veuve BEAU

Cet Hôtel, situé au centre de la ville et des affaires, à proximité du Grand-Théâtre et de l'Hôtel de la Préfecture, est spécialement fréquenté par les négociants et les voyageurs de commerce.

9

Salon de Lecture
RUE de l'IMPÉRATRICE, 100
Prés de Bellecour

Parmi les établissements nouveaux, nous devons citer avec éloge ce Salon de Lecture, décoré avec goût et élégance, c'est le salon le mieux tenu et où on trouve le grand nombre de Journaux et de Revues, ainsi que les Indicateurs et les Guides à consulter ; on peut y faire sa Correspondance, et on y abonne pour Lyon et les environs à tous les Journaux que l'on veut se faire adresser directement et à domicile.

On y trouvera notre *Lyon vu en trois jours* au prix de 50 centimes.

PHOTOGRAPHIE DE L'UNIVERS
CHARAVET
Rue de Bourbon, 6

Cet établissement est remarquable par le choix de ses optiques.

La position exceptionelle de cette Photographie, lui permet d'opérer à tous les temps et dans toutes les saisons. Un Pavillon vitré, dominant tout Bellecour, permet aussi d'avoir une vive lumière.

Cartes de Visites. Portraits-Cartes,
Portraits de grandeur naturelle,
Portraits en Miniature. Portraits après Décès.

Reproduction de Tableaux et de Gravures
Vues de Monuments, de Sites, etc.
Portraits retouchés à l'huile et à l'aquarelle.

MAISON D'AMEUBLEMENT

E. J. SICARD

Place Bellecour, 25

ÉBÉNISTERIE , TAPISSERIE

Cette Maison, qui a su acquérir le premier rang par le cachet de bon goût et de véritable distinction qu'elle imprime à toutes ses productions, se recommande surtout par son Assortiment sans cesse renouvelé de Meubles et de Tentures, et dont la variété et la richesse ne le cèdent en rien aux Maisons les plus renommées de la Capitale.

Les témoignages les plus flatteurs, du reste, qui lui ont été décernés à l'exposition universelle et par l'Académie nationale, ont placé depuis plusieurs années déjà cette Maison parmi les plus honorables et les plus recherchées.

ALCOOL DE MENTHE
DE RICQLÈS

Cet élixir, essentiellement hygiénique, d'un goût et d'un parfum des plus agréables, jouit *depuis plus de 25 ans* d'une immense réputation. — Il est d'un usage général pour les fatigues d'estomac, les DIGESTIONS DIFFICILES, les maux de cœur, de tête, etc. — Il purifle le sang et en facilite la circulation, calme les nerfs et dissipe à l'instant les colliques, la diarrhée, les oppressions, étourdissements, ainsi que toute fatigue, malaise ou indisposition subite. C'est un préservatif très-efficace contre les épidémies. PENDANT LES CHALEURS, moyennant quelques gouttes de cette liqueur dans un verre d'eau sucrée ou non, on obtient la boisson la plus agréable, la plus rafraîchissante, en même temps que la plus saine et la moins coûteuse. On s'en sert aussi pour la bouche, les dents et en général pour la toilette.

Se trouve en flacons à 4 fr. et demi-flacons à 2 fr., cachetés (avec l'instruction), portant la marque et la signature de l'inventeur H. DE RICQLÈS, 9, cours d'Herbouville, à Lyon, ainsi que dans les principales maisons de pharmacie et de droguerie en France et à l'Étranger.

MAISON BUISSON

QUAI DES CÉLESTINS, 11
ATELIERS QUAI FULCHIRON, 20
Ancienne Maison fondée en 1829

PAR BREVET D'INVENTION
(S. g. d: G:)

PORTE-BOUTEILLES EN FER ROND
à place économique
Bien supérieurs à tous ceux employés jusqu'à présent

PORTE-BOUTEILLES POUR LES VINS
Se fermant à clé, et dans lesquels on peut placer ou
enlever commodément toute espèce de bouteilles
sans crainte d'accident.

EGOUTTOIR A BOUTEILLES EN FER

AMEUBLEMENTS EN FER
Pour Jardin et Café

Chaises, Fauteuils, Bancs, Canapés, Tables, Chassis de
couche, Kiosques, Bordures pour massifs de jardin,
Balustres pour pièces d'eau et réservoirs, etc.

Grillages en tous genres pour Volière,
Faisanderie et Parc

SPÉCIALITÉ ET GRAND ASSORTIMENT
DE LITS EN FER
Depuis 40 fr. les 100 kil. jusqu'aux prix supérieurs.

SOMMIERS ÉLASTIQUES

Le tout à des prix très-modérés

MAISON SPÉCIALE
POUR LA VENTE
DES
Vins Fins et Ordinaires
EN CERCLES ET EN BOUTEILLES
GROS ET DÉTAIL
Rue du Plat, 16

Le sieur **Louis MATHIEU**, *Ex-Restaurateur*, a l'honneur d'informer le public qu'il a ouvert de vastes Magasins, où l'on pourra se procurer tous les VINS de premiers vignobles de **France** et de l'**Étranger**.

Tous ces Vins, achetés par lui dans chaque localité de leur provenance, lui permettent d'en garantir l'origine. — **Liqueurs**. — **Spiritueux**.

Seuls Dépôts à Lyon

Des grands **Vins de Bordeaux** de **M**. le baron SARGET, propriétaire du château Gruaud-Larose.

Des **Vins de Champagne** de la Maison E. CLIQUOT, de Reims.

Des véritables **Liqueurs de Hollande**, de la Maison HET LOOTJE, d'Amsterdam, fournis de plusieurs Cours.

AUX   DE

ARMES   FRANCE

VAGANAY

GRAVEUR

Successeur de CHABROL

Spécialité de Timbres, Griffes, Plaques,
Enseignes, Cachets, Armoiries

CARTES DE VISITES DE TOUS GENRES

CACHETS DE LUXE. — PRIX RÉDUITS.

DÉPOT

de Presses de Paris, à levier, Timbre sec,
Gravure comprise, 15 francs.

Spécialité de Gravures au type officiel
pour MM. les Notaires.

Dépôt de lettres en relief, en cuivre et zinc, dorées,
pour enseignes.

Commission. Exportation.

Ecrire FRANCO à M. VAGANAY, galerie de l'Hôtel-
Dieu, 34.

ANCIENNE MAISON Vᵉ JACQUY

PAPETERIE GROS ET DÉTAIL

Fabrique de registres, Papiers de pliage

L. JUNG & BONNAIRE

SUCCESSEURS

65, rue de l'Impératrice, 65

angle de la rue Thomassin

LYON

Fournitures de Bureaux spéciales pour Administration

IMPRESSIONS
LITHOGRAPHIQUES ET TYPOGRAPHIQUES

Articles de Dessin, Portefeuilles, Buvards,
Albums, Cartes d'échantillons, Papiers de luxe timbrés
en couleur aux initiales, Encre à copier.

Atelier de Reliure

SPÉCIALITÉ
POUR LA FOURNITURE DE L'ARMÉE

Comptabilité militaire

Registres, Livrets, Théorie, etc., etc.

MALADIE

Pharmacie de Ph. QUET

Rue de la Préfecture, 5

LIBRAIRIE GIRAUDIER

CLAIRON-MONDET

SUCCESSEUR

Place Bellecour, 8

MEUBLES

SIÉGES ET TENTURES

DUMAREST

**Membre de l'Académie Nationale
Agricole, Manufacturière
et Commerciale**

Inventeur des Bureaux Autonoix
à Modérateur

Six médailles d'honneur
Or, Argent et Bronze aux Expositions
universelles de Paris, Londres et
de l'Académie Nationale

En récompense de ses beaux Travaux,
Inventions et Application en grand de la Gal-
vanoplastie à l'ameublement.

RUE D'ALGÉRIE, 21
HOTEL DU PARC

LYON

CHABOD fils, négociant

Inventeur de l'Insecticide dit Foudrogène
breveté s. g. d. g.

rue St-Dominique, 11, Lyon

SPÉCIALITÉS

GRAINES DE VERS A SOIE

3 Médailles d'argent et Primes de la ville de Lyon

en 1862 et 1863

Médaille obtenue à l'exposition universelle
de Londres en 1862.

Médaille d'or obtenue au Concours régional agricole
de Roanne (Loire), 5 mai 1864.

VINS FINS
en Fûts et en Bouteilles

Médaille exceptionnelle pour la nature et la bonne qualité de ses vins.

INSECTICIDE DIT LE FOUDROGÈNE

spécialement destiné à l'Agriculture.

Médaille de la Société Impériale d'Horticulture du Rhône

Primé au Concours de la ville de Lyon.

Et Médaille d'argent de 1re classe de la Société
d'Horticulture de Roanne,

Mai 1864, au Concours régional.

FAINDEL

CHIRURGIEN DENTISTE

EX-EMPLOYÉ DE M. JOUFFROY

Rue Impériale, 30

PHYSIQUE
OPTIQUE, MATHÉMATIQUE

BOULADE

INGÉNIEUR-OPTICIEN

Construction et Réparation d'Instruments scientifiques

Passage de l'Argue (Rond-Point)

Au 10 juin, rue de l'Impératrice, 63

LYON

Magasin de Pianos
DE M. FÈGE
Rue Saint-Dominique, 15

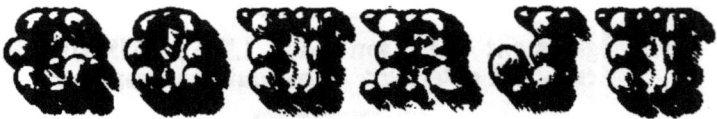

TOUTE LA RUE FERRANDIÈRE

Entre les rues Centrale et Mercière

A LA VILLE DE LONDRES

MAGASIN DE NOUVEAUTÉS

VENTE DE CONFIANCE

Cette Maison est reconnue aujourd'hui pour vendre le meilleur marché de tout Lyon

---

Châles
Soieries, Nouveautés pour Robes
Confections pour Dames

L. CLÉMENT

Rue Centrale, 46 — Rue Mercière, 61

PRIX FIXE
Marqué en chiffres connus

Sphéroïdes Pilaires

DE

BARRIQUAND

PARFUMEUR

Bréveté s. g. d. g.

———◦———

De constantes études du système Pilaire ont amené l'auteur de ce nouveau Produit à reconnaître que les Cosmétiques à base de moëlle de bœuf mélangée ; ou les diverses essences, huiles, ou liquides alcooliques aromatisés, ne pouvaient produire de résultats sérieux.

Les SPHÈRES, composées d'un corps gras à base de moëlle de bœuf combinée aux subtances balsamiques et astringentes, sont tenues en immersion dans une teinture alcoolique de Rhum, Quina et autres agents appliqués dans le traitement du Cuir chevelu.

On trouve donc réunis dans un seul produit les deux traitements thérapeutiques des Maladies du système Pilaire, conciliant l'hygiène avec la toilette.

Ce nouveau Produit défie toute concurrence, et renferme à lui seul toutes les subtances employées jusqu'à ce jour pour la conservation de la chevelure.

Fabrique et Magasin rue Ferrandière, 13

Rue Impériale, 42

MAGASIN

DE PIANOS, HARMONIUMS

ET

ORGUES D'ÉGLISE

Cet Établissement appartient

A M. ZEIGER

Dont la Maison ne livre que des Instruments de
choix qu'elle garantit à ses clients sous le double
rapport de la perfection et de la solidité.

M. ZEIGER est à Lyon le correspondant des meil-
leurs Facteurs de Paris.

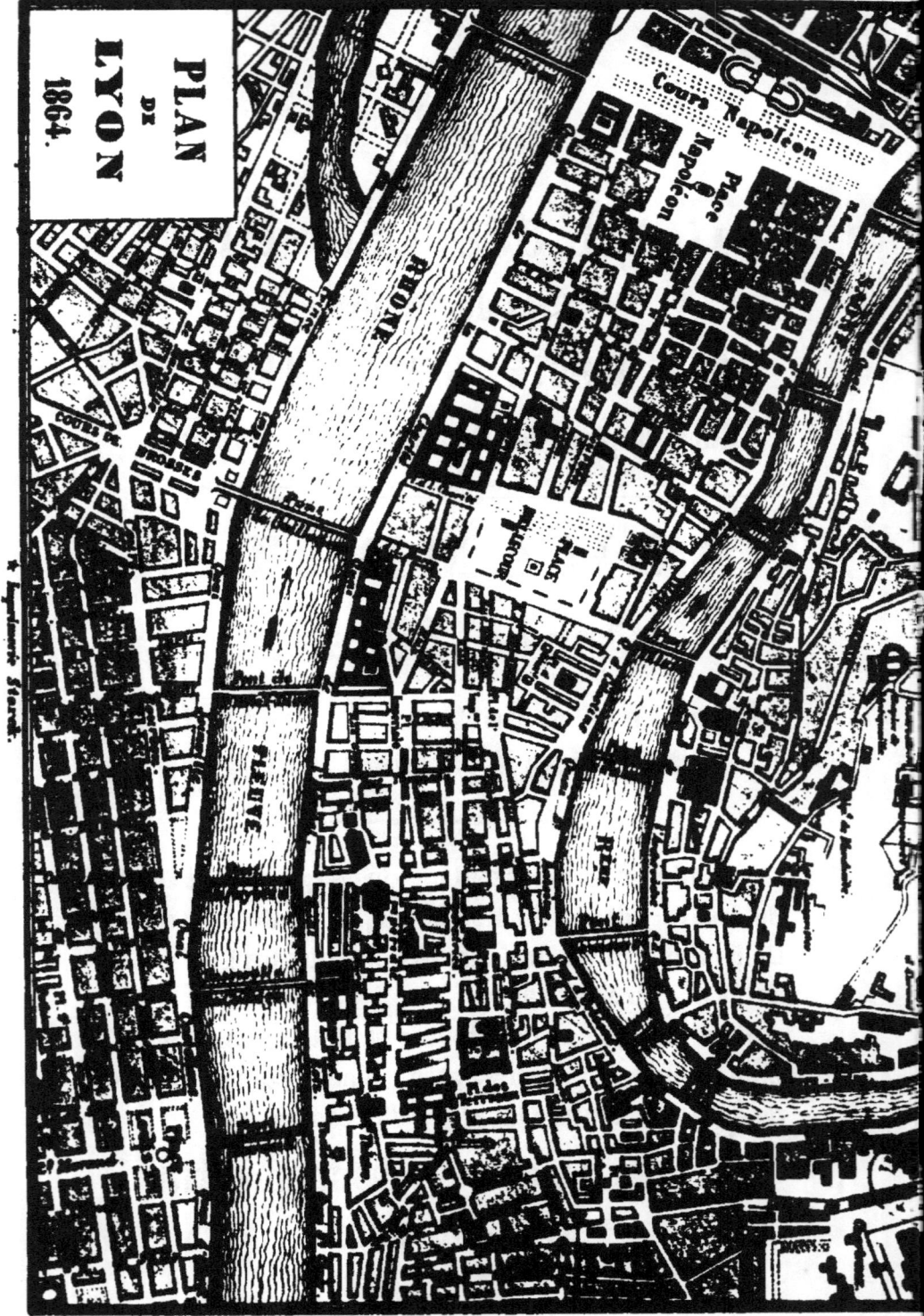

PLAN
DE
LYON
1864.

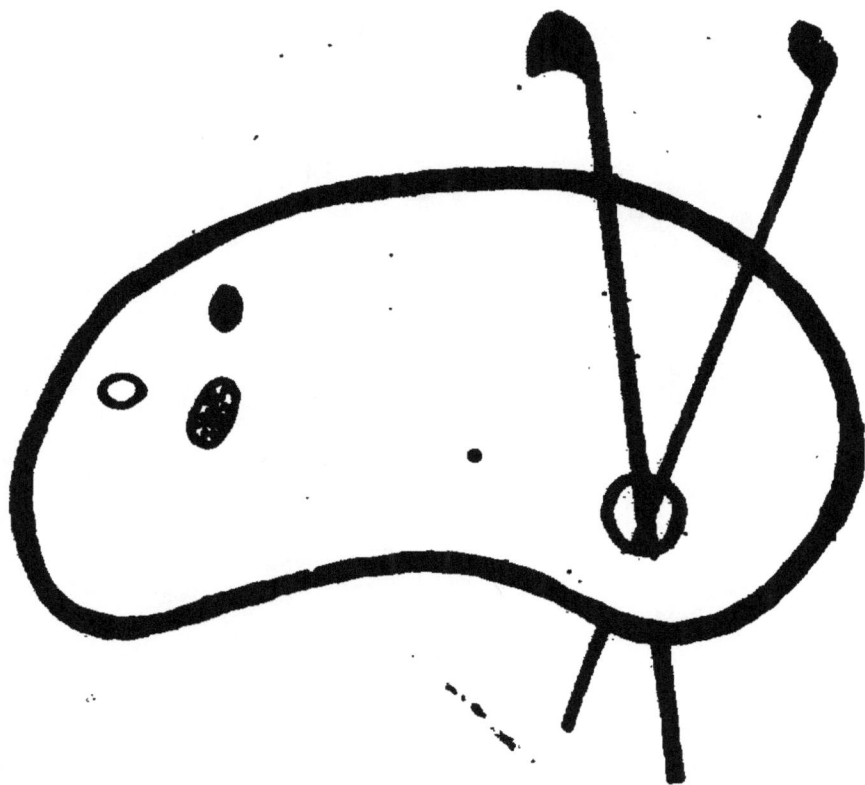

www.ingramcontent.com/pod-product-compliance
Lightning Source LLC
Chambersburg PA
CBHW052121090426
42741CB00009B/1906